W0473229

iteaux de nos grands-mères * Gratins, tians et
olenta * Savoureux plats uniques * Délicieuses
Nos délicieux farcis * Crêpes, galettes et beignets
ermières * Terrines, foie gras et pâtés * Les bonnes
ux fruits du verger * Grillades, poêlées et rôtis
fruits de mer * Les meilleures recettes du fromager
erts d'antan * Délicieuses entrées et mises en
'autrefois * Les bons petits plats aux oeufs *
harcuteries de nos campagnes * Cèpes, morilles et
eilleures recettes du pêcheur * Les saveurs authentiques
es Antilles

Entremets et desserts d'antan

Adaptation et rédaction : Marianne Boilève
Auteurs des recettes : Véronique Abrard, Louis Audoubert, Marianne Boilève, Évelyne Boudou, Josette Boudou, Dom Compare, Luce Emeriaud, Julien Frizot, Christian Garraud, Marina Lombardi, Marie-José Luciani, Jacques Messiant, Pénélope Puymirat.
Illustrateurs : Gilberte Audoubert, Philippe Audoy, Adeline Bech, Jean-Marc Boudou, Fabienne Deshker, Roger Flament, Lise Herzog, Marie-Paule Roc, Kristel Riethmuller, Nadine Sanchez, Camille Virolleaud.

PAUL BOCUSE
présente

LA BONNE CUISINE DE NOS TERROIRS

Entremets et desserts d'antan

Glénat

Dans cette collection, je vous invite à faire un voyage gastronomique à travers notre pays, et le parcours ne manque pas de sel...

Ces carnets de cuisine nous permettent de découvrir ou de redécouvrir les grands classiques de la cuisine française qui ont rendu célèbre leur lieu d'origine. Ils proposent une approche simplifiée des recettes, sans pour autant sacrifier leur caractère traditionnel.

Illustrés par de belles aquarelles en couleurs, ces recueils de recettes nous convient à un cours de cuisine tout autant qu'à la rencontre des traditions culinaires des régions de France. Chaque région, de la Bretagne à la Provence, du Périgord à l'Alsace, est en effet le reflet fidèle d'influences diverses qui se retrouvent dans sa cuisine.

La France demeure un vaste garde-manger où chaque région possède ses spécialités. Elle a le souci de préserver le goût juste à travers ses produits de terroir. Ainsi que j'ai coutume de le dire, il est important d'être intransigeant sur le choix des ingrédients, en veillant à leur qualité et à leur extrême fraîcheur si l'on veut obtenir un plat sain et savoureux.

Cette cuisine régionale permettra à beaucoup de retrouver leurs racines et de visiter les petits paradis du «bien manger». Rendez-vous avec la «cuisine vraie», celle qui reste hors des modes et respecte l'identité de chaque terroir. Ne dit-on pas que pour bien aimer un pays, il faut le boire et le manger? Alors passons à table sans tarder.

Je vous souhaite un bon appétit!

Paul Bocuse

La charlotte aux fraises

Au tout début du XIXe siècle, lorsqu'Antonin Carême, cuisinier de Talleyrand, donna aux biscuits à la cuillère leur forme actuelle, il ne s'arrêta pas en si bon chemin et utilisa ce biscuit pour créer la « charlotte à la parisienne »… Son nom est un hommage à la reine Charlotte d'Angleterre. Dans la recette qui suit, la traditionnelle crème fraîche a été remplacée par des petits-suisses, rendant ainsi cet entremets plus digeste…

Préparation : 30 minutes
Repos : 1 nuit

Pour 8 personnes

- ✓ 4 citrons
- ✓ 500 g de fraises
- ✓ 360 g de petits suisses (6 x 60 g)
- ✓ 50 g de crème fraîche épaisse
- ✓ 100 g de sucre en poudre + 3 cuillères à soupe
- ✓ 40 boudoirs ou biscuits à la cuillère

- Préparer un sirop en faisant chauffer légèrement le jus des citrons avec 3 cuillères à soupe de sucre. Laisser refroidir.
- Préparer les fraises en les nettoyant sous l'eau puis en les équeutant. Réserver.
- Dans un saladier, mélanger les petits-suisses avec la crème fraîche et le sucre.
- Tapisser le fond et les bords d'un moule à charlotte avec les biscuits à la cuillère trempés rapidement dans le sirop (mettre le côté sucré contre la paroi du moule).
- Garnir le fond avec la moitié de la préparation aux petits-suisses. Ajouter la totalité des fraises et recouvrir avec la crème. Terminer par une couche de biscuits trempés dans le sirop.
- Couvrir et laisser reposer une nuit au frais.
- Démouler le lendemain (on peut faciliter cette opération en trempant le moule dans l'eau chaude) et déguster accompagné d'un coulis de fruits rouges.

Pour le choix des fraises, préférez la variété gariguette, plus parfumée.

Charlotte au chocolat

Classique des classiques, toujours apprécié des petits et des grands, voici le dessert que préparent souvent les mamans aux goûters d'anniversaire. On ne compte plus les variantes de garnitures des charlottes. Celle au chocolat rallie évidemment tous les suffrages.

Préparation : 30 minutes
Repos : 1 nuit

Pour 6 personnes

- ✓ 32 biscuits à la cuillère
- ✓ 150 g de chocolat noir
- ✓ 150 g de chocolat au lait
- ✓ 6 œufs
- ✓ 10 cl de crème fraîche épaisse
- ✓ 150 g de sucre
- ✓ Facultatif : 2 cuillères à soupe de Cointreau
- ✓ Des copeaux de chocolat (pour la décoration)

- Faire fondre ensemble le chocolat noir et le chocolat au lait au bain-marie. Bien lisser. Laisser refroidir.
- Ajouter les 6 jaunes d'œufs et la crème. Mélanger.
- Battre 5 blancs en neige ferme avec le sucre.
- Incorporer délicatement à la préparation.
- Tapisser le fond et les parois d'un moule à charlotte avec des biscuits préalablement trempés rapidement dans un peu d'eau sucrée (éventuellement additionnée de Cointreau).
- Verser la moitié de la mousse au chocolat.
- Mettre une couche de biscuits humectés.
- Verser le reste de la mousse.
- Recouvrir d'une dernière couche de biscuits.
- Poser une assiette et un poids dessus.
- Placer au réfrigérateur une nuit.
- Au moment de servir, démouler la charlotte sur un plat creux.
- Décorer le dessus avec des copeaux de chocolat.

On peut déguster la charlotte nature ou napper chaque part de crème anglaise parfumée au Cointreau ou bien de crème praliné.

Diplomate framboisine

Préparation : 30 minutes
Repos : 4 heures au frais

Pour 6 à 8 personnes

- ✓ 36 biscuits à la cuillère
- ✓ 150 g de raisins secs
- ✓ 100 g de sucre fin
- ✓ 1 pot de gelée de framboises
- ✓ 2 cuillères à soupe de kirsch
- ✓ 50 cl de crème anglaise

- Faire un sirop avec le sucre et 10 cl d'eau. Laisser refroidir. Ajouter le kirsch.
- Faire tremper les raisins dans de l'eau tiède 10 minutes.
- Tapisser le fond et les parois d'un moule à cake de biscuits humectés de sirop.
- Dans un saladier, battre à la fourchette la gelée de framboises et 3 cuillères de sirop.
- Napper le fond de biscuits.
- Verser la moitié de la gelée de framboises sur les biscuits.
- Égoutter et éponger les raisins.
- Parsemer la moitié de ceux-ci sur la gelée.
- Mettre à nouveau une couche de biscuits humectés.
- Napper avec le reste de la gelée et parsemer du reste des raisins.
- Recouvrir d'une dernière couche de biscuits.
- Rabattre le bord qui dépasse autour du moule.
- Mettre au réfrigérateur pour 4 heures au moins ou, mieux, une nuit entière.
- Au moment de servir, démouler sur un plat creux.
- Égoutter éventuellement le surplus de sirop.
- Napper de crème anglaise (voir recette p. 14-15) parfumée au kirsch ou au café, ou encore de crème Chantilly.

La crème anglaise en pas à pas

Les ingrédients

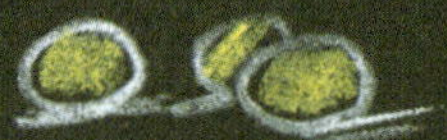

œufs

sucre

lait

Kirsch

Comment préparer la crème anglaise

1 - Séparer les blancs des jaunes d'œufs.

2 - Mélanger les jaunes,
le sucre, le lait et le kirsch.

3 - Verser la préparation.

4 - Laisser chauffer.
Attention : arrêter
la cuisson dès l'ébullition.

Fraisier minute

Paris – Ile-de-France

Préparation : 10 minutes la veille
Cuisson : 10 à 15 minutes

Pour 4 personnes

- ✓ 200 g de chocolat blanc concassé ou haché au couteau
- ✓ 50 cl de crème fraîche liquide
- ✓ 200 g de blancs d'œuf extra-frais (environ 6 blancs)
- ✓ 200 g de sucre en poudre
- ✓ 200 g de poudre d'amandes
- ✓ 1 kg de fraises Mara des bois
- ✓ Sucre glace pour la décoration

La veille

- Mettre le chocolat concassé dans un cul-de-poule avec la crème liquide et porter à ébullition en remuant à la spatule. Laisser refroidir une nuit au réfrigérateur.

Le jour même

- Préparer la pâte à succès : monter les blancs en neige et ajouter le sucre en poudre avant qu'ils ne soient trop fermes. Battre encore 3 minutes.
- Ajouter délicatement la poudre d'amandes en remuant avec une spatule. Verser la pâte en couche régulière sur une plaque recouverte de papier sulfurisé. Cuire à 180 °C pendant 10 à 15 minutes, le temps que le succès colore légèrement sans dessécher. Laisser refroidir sur une grille puis découper 8 cercles de 6 cm.
- Sortir la crème au chocolat préparée la veille et la monter en crème fouettée (avec le batteur). Réserver au froid.

- Laver et équeuter les fraises. En passer un tiers au mixer pour le coulis.
- Couper le reste en 2.
- Poser un cercle (de 6 cm de diamètre et 5 cm de haut) au milieu de chaque assiette et le garnir dans l'ordre suivant : un disque de succès, une cuillère de mousse chocolat, des demi-fraises face coupée contre l'intérieur du cercle.
- Renouveler l'opération : remplir avec le reste des fraises et finir avec la mousse et un disque de succès.
- Appuyer légèrement sur le dessus des gâteaux avant de retirer les cercles délicatement.
- Saupoudrer de sucre glace et servir avec le coulis de fraise.

Le Saint-Émilion au chocolat

À l'origine, fabriqués par les Ursulines, les macarons de Saint-Émilion sont devenus une spécialité du village, déjà célèbre pour ses vins. Les religieuses léguèrent leur recette à une famille quand la Révolution les a obligées à quitter leur couvent. Ils s'accordent à merveille avec le chocolat…

Préparation : 15 minutes
Repos : 12 heures
Cuisson : 4 à 5 minutes pour le glaçage

Pour 6 à 8 personnes

Le gateau
- ✓ 750 g de macarons de Saint-Émilion
- ✓ 300 g de chocolat pâtissier
- ✓ 125 g de sucre semoule
- ✓ 125 g de beurre fin
- ✓ 10 cl de lait
- ✓ 1 jaune d'œuf
- ✓ 3 cl d'armagnac ou de rhum

Le glaçage
- ✓ 25 g de chocolat pâtissier
- ✓ 25 g de beurre fin
- ✓ 1 cuillère à soupe de sucre glace

- Garnir le fond d'un moule à charlotte de macarons légèrement imbibés de liqueur d'armagnac ou de rhum (à défaut de Saint-Émilion, utiliser d'autres macarons frais).
- Faire fondre 125 g de beurre à feu doux, ajouter 125 g de sucre, battre au fouet à main.
- Délayer 1 jaune d'œuf dans le lait tiède.
- Faire ramollir 300 g de chocolat, le lisser, ajouter les deux préparations précédentes.
- Bien mélanger pour obtenir une crème onctueuse.
- Verser la moitié de cette crème sur les macarons et disposer par-dessus une autre couche de biscuits imbibés.
- Verser ensuite le reste de la crème et terminer par une dernière couche de macarons.
- Arroser de quelques gouttes d'armagnac ou de rhum. Couvrir d'une assiette sur laquelle on place un poids pour tasser la préparation pendant 12 heures, au frais.
- Pour le glaçage, faire fondre 25 g de chocolat avec 1 cuillère à soupe d'eau.
- Ajouter 25 g de beurre, le sucre glace et bien mélanger.
- Démouler le gâteau, napper le dessus et les côtés avec le glaçage.
- Passer quelques minutes au four (210 °C) et laisser refroidir complètement.

Il est préférable de faire fondre le chocolat au bain-marie.

Blanc-manger* au chocolat blanc

Paris – Ile-de-France

Préparation : 15 minutes
Prise : 5 à 6 heures

Pour 4 personnes

✓ 1 kg de fromage blanc
✓ 1,2 l de crème fleurette
✓ 350 g de chocolat blanc + 200 g de copeaux de chocolat blanc
✓ 12 feuilles de gélatine (8 si les blancs-mangers sont servis non démoulés)
✓ 450 g de sucre
✓ 350 g de poudre d'amandes

- Mettre la gélatine à tremper dans de l'eau froide.
- Faire fondre le chocolat blanc avec 20 cl de crème fleurette.
- Bien mélanger. Ajouter la gélatine. Mélanger. Réserver.
- Monter la crème fleurette restante en chantilly.
- Dans un saladier, mélanger intimement le fromage blanc, le sucre, la poudre d'amandes et les copeaux de chocolat.
- Ajouter le mélange de gélatine et de chocolat fondu.
- Incorporer délicatement la crème fouettée. Mouler dans des ramequins (ou dans des verres si on ne les démoule pas ; en ce cas, diminuer la quantité de gélatine).

Pour le service, on peut soit démouler le blanc-manger* sur des assiettes et l'accompagner de purée de framboises ou de rhubarbe, soit le présenter directement dans les verres.

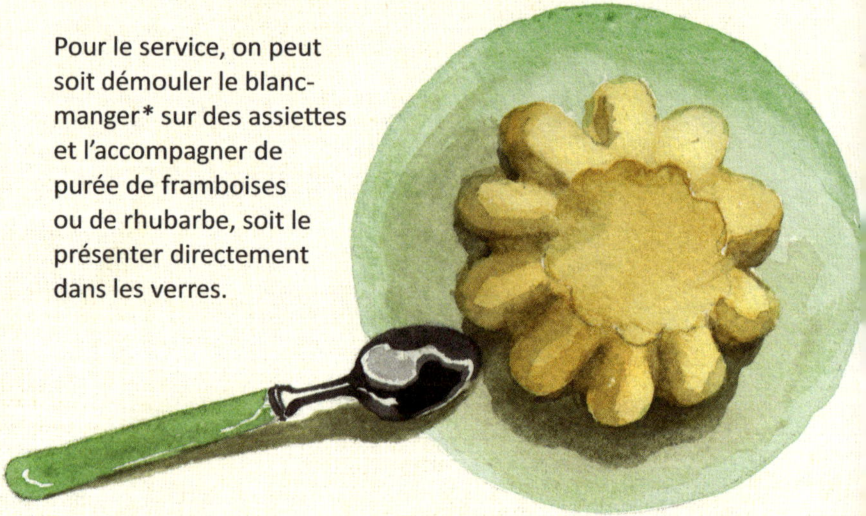

* voir lexique en fin d'ouvrage.

Marquise au chocolat

La divine marquise impressionne toujours les pâtissiers à cause de sa forme pyramidale pas toujours facile à réussir. Dans cette recette (allégée), la marquise est aussi simple de format que de réalisation. Il faudra néanmoins attendre une demi-journée pour la déguster !

Préparation : 10 minutes
Cuisson : 15 minutes
Repos : 1/2 journée (minimum)

Pour 6 personnes

- ✓ 250 g de chocolat noir amer
- ✓ 50 g de beurre
- ✓ 6 blancs d'œufs
- ✓ 1 cuillère à soupe de crème fraîche épaisse
- ✓ Les zestes d'1 citron non traité
- ✓ Les zestes d'1 orange non traitée
- ✓ 1 pincée de sel

- Faire fondre le chocolat en morceaux au bain-marie dans la terrine ou dans un récipient à fond épais.
- Ajouter le beurre frais. Fouetter jusqu'à l'obtention d'un mélange parfaitement lisse.
- Battre au fouet les blancs d'œufs. Incorporer les blancs en neige au chocolat fondu. Ajouter une pincée de sel, la cuillère de crème et les zestes de citron et d'orange.
- Remplir le moule à marquise (huiler les parois avec parcimonie). Mettre au réfrigérateur pendant au moins une demi-journée. Ensuite, pour démouler la marquise, passer le moule sous l'eau chaude.

Riz aux fruits confits et pignons

Les fruits confits, les raisins secs et les pignons sont des ingrédients que l'on retrouve souvent dans les desserts de la région, comme l'eau de fleur d'oranger qui peut, dans cette recette, remplacer le marc de Provence.

Préparation : 10 minutes
Cuisson : 30 minutes

Pour 4 personnes

- ✓ 200 g de riz rond
- ✓ 1 l de lait entier
- ✓ 4 cuillères à soupe de sucre roux
- ✓ 1 cuillère à café d'extrait de vanille naturelle
- ✓ 50 g de raisins secs
- ✓ 100 g de fruits confits
- ✓ 1 cuillère à soupe de pignons
- ✓ 3 cl de marc de Provence ou d'eau de fleur d'oranger

- Faire macérer les fruits confits et les raisins secs dans le marc ou l'eau de fleur d'oranger pendant 10 minutes.
- Dans une casserole d'eau bouillante, mettre le riz à cuire pendant 8 minutes.
- Dans une autre casserole, mettre le lait à chauffer avec le sucre et la vanille puis ajouter le riz préalablement rincé et égoutté.
- Laisser cuire à feu très doux sans couvrir, en remuant fréquemment pendant 20 minutes, jusqu'à ce que le mélange épaississe et devienne crémeux.
- Ajouter alors les raisins et les fruits confits égouttés ainsi que les pignons légèrement torréfiés dans une poêle sèche quelques instants, et poursuivre la cuisson 5 minutes.
- Mélanger soigneusement et laisser refroidir avant de servir.

MON CONSEIL

On peut présenter cet entremets nappé de caramel et le servir accompagné d'une crème anglaise.

Riz au lait « suprême »

Le riche riz au lait des jours de fête ! Au riz au lait servi les jours ordinaires, on ajoute, les jours « extraordinaires », de la crème fraîche, des raisins secs, des fruits confits hachés, le tout mis au frais quelques heures. Renversé sur un joli plat, cet entremets se déguste légèrement tiède ou froid.

Préparation : 10 minutes
Cuisson : 1 h 15

Pour 4 personnes

- ✓ 180 g de riz
- ✓ 1 l de lait
- ✓ 80 g de sucre fin
- ✓ 1 sachet de sucre vanillé
- ✓ 10 cl de crème fraîche liquide
- ✓ 1 pot de gelée de mûre
- ✓ 1 pincée de sel
- ✓ Facultatif : 2 cuillères à soupe de fruits confits hachés

- Laver le riz. Le jeter dans le lait bouillant où l'on aura versé le sel, le sucre fin et le sucre vanillé.
- Cuire à feu très doux durant 1 heure à 1 h 15 (le riz ne doit plus être croquant).
- Une peau se forme à la surface. La percer de temps en temps.
- En fin de cuisson, rajouter la crème. Bien mélanger.
- Ajouter 2 cuillères à soupe de fruits confits hachés (facultatif).
- Mélanger encore. Puis réserver au frais.
- Au moment de servir, déposer quelques cuillères de riz au lait sur chaque assiette.
- Lisser le dessus. Napper de gelée de mûres.

La teurgoule* ou terrinée

Entendu au marché : « Votre teurgoule, elle est faite ici ?*
– Pour sûr qu'elle l'est, et depuis longtemps ! C'est le baron de Fontette, il y a plus de deux cents ans, qui a inventé c'te recette de riz au lait. À cause de la pluie, c'était la famine. Alors il avait fait venir du riz d'Asie chez nous. Et comme on manque pas de lait par ici, il a trouvé ça. Depuis on en mange et on en vend. Mais rappelez-vous bien, plus ça cuit et plus c'est bon. »

Préparation : 10 à 15 minutes
Cuisson : 3 heures à 3 h 30

Pour 4 à 5 personnes

- ✓ 120 g de riz rond
- ✓ 150 g de sucre semoule
- ✓ 2 l de lait entier
- ✓ 2 cuillères à café de cannelle
- ✓ 1 gousse de vanille
- ✓ 1 pincée de sel fin

- Préchauffer le four (150 °C).
- Fendre la gousse de vanille en 2, la mettre dans le lait et amener à ébullition.
- Laisser refroidir légèrement.
- Dans une grande terrine, mettre le riz, le sucre, la cannelle et le sel.
- Retirer la gousse de vanille et verser le lait.
- Bien mélanger et cuire au four durant 3 bonnes heures.
- Une croûte très brune doit se former sur le dessus de la terrine.
- La teurgoule* se déguste chaude, tiède ou froide.

* *voir lexique en fin d'ouvrage*

Le riz
pour entremets

Les desserts à base de riz ont beau être souvent fort simples à réaliser, ils n'en demandent pas moins quelques soins élémentaires. Il est notamment indispensable de choisir un riz rond de qualité, supportant les cuissons longues et lentes.

Certaines recettes préconisent la cuisson du riz directement dans le lait, sucré ou non. D'autres indiquent qu'il faut préalablement blanchir le riz. Pour la cuisson dans le lait, il faut en général compter un volume de riz pour quatre de lait. Si la cuisson (toujours sur feu très doux) se fait dans du lait sucré, le riz cuit un peu moins vite, mais on ne court pas le risque de malmener et d'écraser les grains par l'adjonction de sucre a posteriori.

Voici comment procéder pour les recettes qui recommandent de blanchir le riz : laver le riz à l'eau froide. Le mettre dans une casserole et le couvrir largement d'eau froide. Porter à ébullition sur feu modéré et laisser bouillotter 5 minutes. Verser le riz précuit dans une passoire et le rincer abondamment sous l'eau claire pour bien le rafraîchir : cette opération permet de débarrasser le riz de son amidon et de resserrer les grains en vue de leur cuisson dans le lait.

Gâteau de riz

Préparation : 15 minutes
Cuisson : 40 minutes

Pour 4 personnes

- ✓ 75 cl de lait
- ✓ 3 jaunes d'œuf
- ✓ 100 g de beurre doux
- ✓ 150 g de sucre en poudre
- ✓ 180 g de riz rond
- ✓ 1 cuillère à soupe de raisins secs blonds
- ✓ 1 zeste de citron non traité
- ✓ 1 zeste d'orange non traitée
- ✓ 1 cuillère à soupe de rhum

- Faire macérer les raisins secs dans le rhum pendant 15 minutes.
- Mettre le lait, le beurre, le sucre, les zestes de citron et d'orange et les raisins égouttés dans une casserole. Faire chauffer jusqu'à ce que le lait frémisse.
- Verser le riz dans une casserole remplie d'eau froide. Porter à ébullition.
- Égoutter le riz, le rincer et le plonger dans le lait. Laisser frémir une bonne demi-heure.
- Hors du feu, lier avec les jaunes d'œuf battus.
- Verser la préparation dans un moule rectangulaire.
- Laisser refroidir avant de servir.

Ce gâteau de riz peut être servi avec une crème anglaise.

MON CONSEIL

Ajouter à la cuisson du lait un bâton de vanille fendu en deux dans le sens de la longueur.

Gâteau de riz au chocolat

Toutes régions

Fondant et onctueux, cet entremets au parfum d'enfance est une variation sur le gâteau de riz classique que préparaient nos grands-mères…

Préparation : 5 minutes
Cuisson : 45 minutes
Repos : 3 à 5 heures

Pour 6 personnes

Le gateau

- ✓ 150 g de riz rond
- ✓ 150 g de chocolat amer
- ✓ 75 cl de lait
- ✓ 1 gousse de vanille (ou 2 cuillères à café d'extrait liquide)
- ✓ 4 œufs
- ✓ 150 g de sucre en poudre
- ✓ 2 pincées de sel

Le caramel

- ✓ 150 g de sucre en poudre blanc
- ✓ 5 cuillères à soupe d'eau

- Dans une grande casserole (2 litres), verser le riz, puis 1 litre d'eau froide.
- Porter le liquide à ébullition. Laisser blanchir le riz, dans l'eau frémissante, pendant 2 minutes.
- Rincer le riz à l'eau froide et le laisser égoutter.
- Toujours dans une grande casserole, faire chauffer le lait avec une pincée de sel et la vanille. Ajouter le riz et laisser cuire à feu doux jusqu'à ce que le riz ait totalement absorbé le lait (compter 20 minutes environ). Laisser refroidir un peu.
- Préchauffer le four à 180 °C.
- Dans un saladier, mélanger les œufs avec le sucre et ajouter progressivement le riz, en mélangeant à la cuillère en bois. Incorporer à la préparation le chocolat fondu au bain-marie et verser la préparation dans le moule. Réserver.
- Préparer un caramel en faisant chauffer, à feu doux, le sucre avec 5 cuillères à soupe d'eau, jusqu'à ce que le sucre commence à brunir (attention : le changement est rapide !)
- Verser le caramel au fond du moule et en napper les parois.
- Verser la préparation dans le moule et faire cuire au bain-marie pendant 35 minutes.
- Laisser refroidir le gâteau avant de le mettre 3 à 5 heures au réfrigérateur. Plonger celui-ci dans l'eau chaude afin de le démouler.

Le gâteau de semoule

Toutes régions

Le terme « semoule » désigne d'une manière générale le produit obtenu par la mouture des grains de diverses céréales. Voici une recette de gâteau de semoule de blé, moelleux et délicieux, qui sera encore meilleur agrémenté de morceaux d'écorces d'orange confite.

Préparation : 15 minutes (ou 40 minutes pour la version avec des œufs)
Cuisson : 1 heure pour la version avec des œufs

Pour 6 personnes

- ✓ 7 cuillères à soupe de semoule de blé dur fine
- ✓ 1 l de lait entier
- ✓ 100 g de sucre
- ✓ 100 g de raisins de Corinthe
- ✓ 1 gousse de vanille (ou 2 cuillères à café d'extrait liquide)
- ✓ 1 morceau d'écorce d'orange confite
- ✓ 2 œufs pour la version cuite au four

Le caramel

- ✓ 3 cuillères à soupe d'eau
- ✓ 125 g de sucre blanc

* Faire gonfler les raisins dans de l'eau tiède pendant 10 minutes, environ. Les égoutter et réserver.
* Préparer le caramel : mettre le sucre dans une casserole et ajouter 3 cuillères à soupe d'eau.
* Faire chauffer le mélange, à feu doux, jusqu'à ce que le sucre commence à brunir. Verser le caramel obtenu sur les parois et le fond du moule. Laisser refroidir.

* Faire chauffer le lait avec le sucre, la vanille et l'écorce d'orange. Lorsqu'il arrive à ébullition, verser la semoule en pluie, battre légèrement au fouet et ajouter les raisins.
* Laisser cuire à feu doux 8 à 10 minutes.
* Verser la préparation dans le moule caramélisé et laisser refroidir.

Version à base d'œufs et cuite au four (plus crémeuse)

* Préchauffer le four à 160 °C. La préparation initiale est identique.
* Laisser refroidir 15 à 20 minutes le gâteau précédent, puis ajouter les œufs, battus à la fourchette. Bien mélanger et mettre au four, au bain-marie, pendant 1 heure.

Flan à la parisienne

Dans les campagnes, cette recette traditionnelle est parfumée d'eau de fleur d'oranger. À Paris, la vanille (ou le rhum) est de rigueur. Tiède ou froid, ce dessert tout simple a le bon goût de l'enfance…

Préparation : 20 minutes
Cuisson : 45 minutes

Pour 6 personnes

- ✓ 250 g de pâte brisée
- ✓ 40 cl de lait entier
- ✓ 2 œufs + 2 jaunes
- ✓ 125 g de sucre
- ✓ 40 g de farine tamisée
- ✓ 30 g de beurre fondu + 1 grosse noix
- ✓ 1 sachet de sucre vanillé
- ✓ 1 pincée de sel
- ✓ 1 cuillère à soupe de sucre glace

- Travailler le sucre, le sucre vanillé, le sel et 2 œufs entiers dans une terrine avec une cuillère en bois.
- Ajouter 2 jaunes d'œufs, puis la farine en pluie, en soulevant la pâte avec la cuillère.
- Délayer le mélange avec le lait froid, puis ajouter le beurre fondu.
- Foncer un moule à manqué généreusement beurré ou un moule à tarte à bords hauts avec la pâte brisée.
- Verser l'appareil à flan sur la pâte et faire cuire à four chaud (180 °C) pendant 35 minutes. Si des boursouflures se produisent à la surface du flan, les piquer avec une fourchette. Au bout de 35 à 40 minutes de cuisson, éteindre le four et laisser le flan cuire encore 5 à 10 minutes.
- Démouler le flan 10 minutes après sa sortie du four. Saupoudrer de sucre glace avant de servir.

Far* breton

Connu dans toute la Basse-Bretagne, le far (ou « farz ») est surtout confectionné au pays du Léon, à la pointe nord de la péninsule. À Rennes, on l'appelait « flan ». Il existe aussi des recettes de fars* salés. Ces derniers se cuisaient autrefois enfermés dans un sac. On dit qu'il y a autant de recettes de fars* en Bretagne que de phares le long des côtes.*

Préparation : 15 minutes
Cuisson : 30 minutes

Pour 6 à 8 personnes

- ✓ 200 g de farine
- ✓ 6 œufs
- ✓ 250 g de sucre semoule
- ✓ 2 sachets de sucre vanillé
- ✓ 25 g de beurre
- ✓ 1 l de lait
- ✓ 1 pincée de sel
- ✓ Facultatif : 2 cuillères à soupe de rhum

- Verser la farine dans un saladier, ajouter le sucre semoule et le sucre vanillé, le sel, les œufs et le rhum.
- Bien mélanger au fouet à main.
- Porter le lait à ébullition.
- Laisser un peu refroidir puis verser sur le mélange en tournant sans arrêt.
- Beurrer un plat à four non métallique.
- Verser la préparation et cuire à four moyen (180 °C) pendant 30 minutes.
- Laisser bien dorer.

Très souvent, le far* est garni de pommes, de raisins secs ou de pruneaux. Pour cette dernière variante, faire tremper 350 g de pruneaux dénoyautés dans du thé tiède pendant 3 heures. Les égoutter et les mélanger à la pâte avant de verser celle-ci dans le moule.

** voir lexique en fin d'ouvrage.*

Paysage des monts d'Arrée.

Si les convives sont des enfants, remplacer le rhum par de la fleur d'oranger.

La flaugnarde
aux pruneaux

« Regarde-la qui fait sa flaugnarde ! » On qualifiait ainsi, autrefois, une jeune fille charmeuse qui faisait des mines pour qu'on la remarque. Notre flaugnarde ici vous charmera aussi mais d'une tout autre façon : de son moelleux relevé d'alcool de fruits et de tendres pruneaux.

Préparation : 20 minutes
Cuisson : 20 minutes

Pour 6 à 8 personnes

- ✓ 100 g de farine
- ✓ 100 g de sucre semoule
- ✓ 4 gros œufs
- ✓ 30 cl de lait
- ✓ 1 noix de beurre
- ✓ 1 pincée de sel
- ✓ 1 pincée de vanille en poudre
- ✓ 12 gros pruneaux dénoyautés
- ✓ 50 g de raisins secs (facultatif)
- ✓ 3 cuillères à soupe d'alcool de prunes (facultatif)

- Mélanger au fouet à main le sucre et les œufs.
- Ajouter la farine sans cesser de fouetter.
- Parfumer le lait d'une pincée de vanille en poudre.
- Délayer soigneusement la préparation avec ce lait et ajouter une pincée de sel. Le mélange doit être bien lisse.
- Couper les pruneaux en petits morceaux et les mêler à la pâte.
- On peut ajouter des raisins secs qui auront trempé 10 à 15 minutes dans l'alcool de prunes.
- Verser la préparation dans un moule beurré et cuire environ 20 minutes (210 °C).

Flan aux marrons
des montagnards

Préparation : 30 minutes
Cuisson : 1 heure

Pour 6 personnes

- ✓ 500 g de crème de marrons
- ✓ 25 cl de lait
- ✓ 3 œufs
- ✓ 4 cuillères à soupe de crème fraîche épaisse
- ✓ 2 cuillères à soupe de rhum
- ✓ 12 morceaux de sucre
- ✓ 150 g de débris de marrons glacés
- ✓ Crème Chantilly pour la décoration

- Caraméliser un moule à cake avec le caramel préparé avec le sucre et 3 cuillères à soupe d'eau.
- Laisser refroidir. Préchauffer le four à 240 °C.
- Préparer un bain-marie dans un grand plat.
- Dans une jatte, mélanger la crème de marrons et le lait.
- Battre au fouet à main.
- Ajouter la crème fraîche et le rhum.
- Casser 3 œufs dans le mélange.
- Fouetter un peu le tout.
- Verser dans le moule caramélisé.
- Faire cuire dans le bain-marie 1 heure environ.
- Quand l'eau bout, baisser le four (180 °C).
- Vérifier la cuisson avec la pointe d'un couteau. La lame doit ressortir sèche.
- Laisser refroidir et démouler le flan sur un plat creux.
- Décorer le dessus avec les brisures* de marrons glacés.
- Faire un cordon de chantilly tout autour du flan.

** voir lexique en fin d'ouvrage.*

À bon entremets, bon lait...

Autrefois, dans les campagnes, les flans et autres entremets à base de lait étaient préparés avec la crème du lait de la dernière traite, non bouilli, ce qui leur conférait une saveur incomparable.

Si la chose n'est plus guère possible de nos jours, on peut trouver, chez les producteurs ou les bons fromagers, du lait entier de première qualité, parfois même du lait cru. Reconnaissable au bouchon jaune de sa bouteille, ce dernier est généralement plus onctueux et plus parfumé que les autres laits, mais il est cependant fragile. Mis en bouteille directement à la ferme après la traite, il est soumis à des contrôles stricts, mais ne se conserve pas plus de trois jours au frais.

À défaut de bon lait entier (dont le bouchon de la bouteille est rouge), il est possible d'améliorer la saveur d'un entremets en ajoutant une cuillère à soupe, voire deux, d'une bonne crème fraîche épaisse de qualité.

Flan
à la châtaigne

Laissons-nous aller avec cette composition fondante aux émanations de vanille, charmante variation autour de ce fruit identitaire…

Préparation : 10 minutes
Cuisson : 50 minutes

Pour 4 personnes

- ✓ 75 cl de lait
- ✓ 2 cuillères à soupe de farine de châtaigne
- ✓ 4 œufs
- ✓ 100 g de sucre
- ✓ 1 cuillère à soupe d'eau-de-vie
- ✓ 2 gousses de vanille

- Tamiser la farine.
- Dans un bol, mélanger les œufs et l'eau-de-vie.
- Couper les gousses de vanille dans le sens de la longueur et extraire la poudre de vanille avec une cuillère à café pour en obtenir une demi-cuillère.
- Mélanger le lait, le sucre, la farine et la vanille dans une casserole. Bien remuer.
- Mettre la casserole sur feu vif et faire cuire 10 minutes jusqu'à ébullition sans cesser de remuer, puis baisser le feu et laisser encore quelques minutes.
- Laisser tiédir la préparation.
- Ajouter les œufs battus et verser la préparation dans un moule.
- Cuire au bain-marie au four à 180 °C pendant 35 à 40 minutes.
- Laisser refroidir et démouler sur une assiette.

Mirlitons de Pont-Audemer

Cette spécialité a de multiples variantes selon la région, voire la ville : mirlitons de Rouen, de Cherbourg, à l'orange, aux macarons écrasés… On préfère ici la crème normande au beurre fondu.

Préparation : 20 minutes
Cuisson : 20 à 25 minutes

Pour 6 personnes

- ✓ 250 g de pâte feuilletée
- ✓ 125 g de sucre semoule
- ✓ 1 sachet de sucre vanillé
- ✓ 60 g de poudre d'amandes
- ✓ 2 cuillères à soupe de crème fraîche épaisse
- ✓ 2 gros œufs
- ✓ Sucre glace pour la décoration
- ✓ Quelques amandes blanches

- Garnir 6 moules à tartelettes avec la pâte feuilletée et piquer les fonds à la fourchette.
- Dans un saladier, battre au fouet à main les œufs, le sucre semoule et le sucre vanillé.
- Ajouter la poudre d'amandes et la crème fraîche, bien mélanger.
- Verser dans les moules et saupoudrer de sucre glace.
- Décorer la surface avec des moitiés d'amandes blanches disposées en corolles*.
- Cuire à four moyen (180 °C) 20 à 25 minutes.

** voir lexique en fin d'ouvrage.*

Osterfladen

À Pâques, les familles s'attellent à la confection de l'« Osterfladen », la « galette de pâque ». Les petits et les grands se disputent l'emporte-pièce qui sert à découper dans les chutes de pâte les figurines ou les agneaux qui viendront décorer le gâteau. Certains ajoutent à ce flan des raisins au rhum.

Préparation : 20 minutes
Repos : 1 heure
Cuisson : 45 minutes

Pour 6 personnes

Le flan

- ✓ 70 cl de lait
- ✓ 60 g de semoule
- ✓ 2 œufs
- ✓ 100 g de sucre
- ✓ 40 g d'amandes en poudre
- ✓ 10 g de beurre fondu + 1 noix
- ✓ 1 zeste de citron
- ✓ 1 pincée de sel

La pâte

- ✓ 250 g de farine
- ✓ 120 g de beurre
- ✓ 70 g de sucre
- ✓ 1 œuf
- ✓ 1 pincée de levure

- Préparer la pâte : mélanger la farine, la levure et le beurre coupé en petits morceaux.
- Mélanger l'œuf et le sucre dans un bol. L'ajouter à la farine. Pétrir le tout.
- Former une boule et la laisser reposer au frais dans un linge humide pendant 1 heure.
- Préparer le flan : mettre le lait à chauffer dans une casserole, avec le sel et le zeste de citron.
- Lorsque le lait bout, ajouter la semoule. Fouetter sans vous arrêter pendant 1 minute.
- Retirer du feu.
- Dans un bol, mélanger les œufs, le sucre et la poudre d'amandes. Fouetter.
- Ajouter 10 g de beurre fondu.
- Étaler la pâte à tarte sur un plan fariné et la disposer dans un moule à tarte beurré.
- Piquer le fond de la pâte et la faire précuire pendant 15 minutes dans un four à 200 °C.
- Verser ensuite le flan refroidi sur la pâte et faire cuire pendant 30 minutes à 180 °C.

Flan de semoule au marc de Bourgogne

Les flans de semoule sont parfois un peu fades. Celui-ci est agrémenté de raisins secs trempés dans du marc de Bourgogne… Le résultat ? Un flan de caractère, qu'il sera opportun de servir avec une gelée de fruits rouges.

Préparation : 30 minutes
Macération : 30 minutes
Cuisson : 35 minutes

Pour 6 personnes

- ✓ 250 g de pâte brisée
- ✓ 50 cl de lait
- ✓ 125 g de sucre
- ✓ 200 g de semoule
- ✓ 2 œufs
- ✓ 2 noix de beurre
- ✓ 2 cuillères à soupe de marc de Bourgogne
- ✓ 50 g de raisins secs
- ✓ 1 pincée de sel

- Mettre les raisins à macérer dans un bol avec un verre d'eau tiède additionnée de marc de Bourgogne.
- Abaisser la pâte et la répartir sur un plat préalablement beurré. La laisser reposer le temps de la préparation.
- Préparer la semoule : dans une casserole, verser le lait avec 1 pincée de sel, 1 bonne noix de beurre et le sucre. Porter à ébullition, puis verser la semoule en pluie.
- Laisser cuire 20 minutes à frémissement tout en remuant constamment avec une cuillère en bois. Retirer du feu.
- Casser les œufs et les battre dans un grand bol. Les incorporer à la préparation en mélangeant de façon homogène. Ajouter les raisins égouttés.
- Verser la préparation sur la pâte et enfourner.
- Faire cuire pendant 35 minutes (180 °C).
- Surveiller la fin de la cuisson pour ne pas laisser roussir.

MON CONSEIL

On peut remplacer les raisins par de la noix de coco râpée et le sucre par du sucre vanillé.

Les entremets

Le nom même d'entremets ne correspond plus aujourd'hui à sa définition d'autrefois. Ainsi le Larousse ménager dans son édition de 1926 définit les entremets comme « différentes préparations culinaires servies sur la table en même temps que le rôti, ou séparément, et à sa suite ».

En fait, il faut comprendre « entre les mets » : entremets de légumes après le rôti et la salade, entremets sucrés précédant le fromage et le dessert. Jadis, lorsque les repas s'éternisaient, les entremets étaient ainsi servis entre les mets principaux, permettant de ménager une pause dans le service… On comprend alors mieux les menus de noce pantagruéliques d'autrefois !

Aujourd'hui ce mot désigne davantage un plat sucré, sans pâte, servi après le fromage et avant les fruits, ou comme dessert. Sous ce terme sont rassemblées quelques recettes qui promettent des instants gourmands tout en douceur.

Laissez-vous tenter…

Entremets au cassis

Le phylloxera* *ayant détruit une partie du vignoble bourguignon, il fallut trouver alors de nouvelles sources de revenus. Les viticulteurs du pays nuitons se lancèrent alors dans la culture des petits fruits rouges comme le cassis, la framboise ou la groseille. Le premier trouve un débouché renommé mélangé avec un vin blanc aligoté dans la préparation du kir, ou du flan aux fameuses baies.*

Préparation : 25 minutes
Cuisson : 30 minutes

Pour 6 personnes

- ✓ 250 g de pâte brisée
- ✓ 1 kg de cassis
- ✓ 300 g de sucre semoule
- ✓ 2 ou 3 cuillères à soupe de chapelure
- ✓ 2 cuillères à soupe de crème fraîche épaisse

- Laver les baies de cassis et les égoutter.
- Les verser dans une grande casserole et les arroser avec un petit verre d'eau. Faire chauffer sur un feu assez vif pour les faire « crever ». Retirer du feu.
- Écraser les baies, les remettre dans la casserole sur le feu, faire bouillir.
- Passer ensuite à la moulinette pour en extraire le jus.
- Verser ce jus dans une casserole avec le sucre. Mélanger et faire bouillir en remuant pendant 15 minutes sur feu vif.
- Quand le mélange devient sirupeux*, retirer du feu.
- Laisser refroidir pour faciliter la prise en gelée.
- Garnir une tourtière avec la pâte brisée. Étaler la chapelure sur la pâte, puis garnir avec la préparation au cassis.
- Faire cuire au four à chaleur moyenne (180 °C) pendant 30 minutes.

Quand le flan est froid, le napper de crème fraîche avant de servir.

* *voir lexique en fin d'ouvrage.*

Entremets au chocolat

Toutes régions

Préparation : 15 minutes
Cuisson : 35 minutes

Pour 8 personnes

- ✓ 3 blancs d'œufs
- ✓ 1 pincée de sel
- ✓ 250 g de chocolat noir bien corsé
- ✓ 60 g de beurre + 1 noix

- Monter les blancs en neige avec une pincée de sel.
- Réserver au frais.
- Préchauffer le four à 150 °C.
- Faire fondre le chocolat au bain-marie avec 4 cuillères à soupe d'eau.
- Lorsque le chocolat est fondu, lui ajouter le beurre et remuer à la cuillère en bois jusqu'à l'obtention d'un mélange homogène et lisse.
- Incorporer, précautionneusement, le mélange aux blancs d'œufs.
- Beurrer un moule rectangulaire et le garnir de cette préparation.
- Laisser cuire au four 35 minutes et laisser refroidir avant de démouler.

À servir au moment du café, accompagné d'une boule de glace à la vanille.

Entremets aux pommes

Cousin du far, voici l'entremets aux pommes. La Bretagne produisant des pommes en abondance, la ménagère se l'approprie à « toutes les sauces », salées ou sucrées.

Préparation : 15 minutes
Cuisson : 40 minutes

Pour 4 à 6 personnes

- ✓ 1 kg de pommes reinettes
- ✓ 6 œufs
- ✓ 200 g de sucre vanillé

Le caramel

- ✓ 10 morceaux de sucre

- Éplucher les pommes, les couper en quartiers.
- Les faire cuire dans une casserole avec 10 cl d'eau, à feu doux, pour obtenir une compote. Au besoin, égoutter les pommes après cuisson pour éliminer un éventuel excès de jus.
- Préparer le caramel : faire fondre 10 morceaux de sucre avec 5 cl d'eau dans le moule de cuisson pour le caraméliser.
- Dès que le sucre prend une belle couleur ambrée, couper le feu et faire tourner le moule rapidement en tous sens pour le napper entièrement de caramel. Laisser refroidir.
- Dans une terrine, battre les œufs et le sucre au fouet à main.
- Incorporer à la compote, bien mélanger.
- Verser dans le moule caramélisé.
- Cuire à four moyen (180-200 °C) durant 40 minutes environ. Le flan doit avoir une bonne consistance.
- Démouler quand l'entremets est complètement refroidi.
- Napper du caramel resté au fond du moule.

On peut déguster l'entremets nature ou avec une crème Chantilly parfumée à la vanille.

Le tartouillat

Originaire du sud de l'Yonne et du Morvan, le tartouillat ressemble à s'y méprendre au fameux clafoutis du Limousin…

Préparation : 30 minutes
Cuisson : 25 à 30 minutes

Pour 4 personnes

- ✓ 500 g de cerises noires
- ✓ 50 g de beurre
- ✓ 200 g de farine
- ✓ 200 g de sucre en poudre
- ✓ 4 œufs
- ✓ 10 cl de lait entier
- ✓ 1 sachet de sucre vanillé
- ✓ 1 pincée de sel
- ✓ Sucre glace pour la décoration

- Laver les cerises, les équeuter puis les essuyer sans les dénoyauter.
- Beurrer grassement un plat à four.
- Étaler les cerises dans le plat beurré en les disposant sur une seule couche.
- Dans une terrine, mêler la farine tamisée, le sucre vanillé, le sucre en poudre et le sel. Ajouter le lait et les œufs un à un en mélangeant. Travailler la pâte jusqu'à obtenir une consistance homogène, épaisse et coulante.
- Verser cette pâte sur les cerises et glisser le plat dans le four.
- Faire cuire à 210 °C pendant 30 minutes environ.
- Sortir le plat du four et saupoudrer le tartouillat de sucre glace.
- Le laisser tiédir avant de servir.

Il est possible d'ajouter un sachet de levure à la préparation, ce qui rendra la pâte plus souple.

Clafoutis aux pêches

Languedoc-Roussillon

Préparation : 15 minutes
Cuisson : 35 minutes

Pour 8 personnes

- ✓ 500 g de pêches
- ✓ 3 œufs
- ✓ 80 g de sucre en poudre
- ✓ 50 g de beurre
- ✓ 10 cl de lait entier
- ✓ 100 g de farine
- ✓ 1 pincée de sel

- Préchauffer le four à 180 °C.
- Peler et dénoyauter les pêches ; couper chacune en 6 ou 8 tranches selon leur grosseur.
- Préparer la pâte en fouettant les œufs avec le sucre, la pincée de sel, le beurre fondu, puis le lait.
- Incorporer progressivement la farine à la cuillère en bois.
- Beurrer généreusement un plat à tarte (diamètre 25 cm) ou un moule à manqué et répartir les pêches dans le plat (elles doivent le recouvrir).
- Verser la pâte dessus et laisser cuire au four pendant 35 minutes.
- À déguster tiède…

Variante : les pêches peuvent être remplacées par des nectarines ou des abricots.

Clafoutis aux poires

Préparation : 15 minutes
Cuisson : 45 minutes

Pour 4 personnes

- ✓ 3 poires williams
- ✓ 200 g de farine
- ✓ 6 œufs
- ✓ 260 g de sucre
- ✓ 50 cl de crème fleurette
- ✓ 1 sachet de levure chimique
- ✓ 1 cuillère à soupe de vanille liquide
- ✓ 1 cuillère à soupe de cognac ou de marc de Bourgogne
- ✓ 2 noix de beurre
- ✓ 1 pincée de sel

- Peler et couper les poires en petits dés. Les passer quelques minutes à la poêle dans une noix de beurre.
- Mettre la farine, la levure, le sel et le sucre dans un saladier.
- Y casser les œufs. Mélanger. Délayer peu à peu avec la crème.
- Ajouter la vanille liquide et le cognac ou le marc de Bourgogne.
- Beurrer et fariner un moule. Tapisser le fond avec les dés de poires. Verser la pâte dessus et mettre au four (160 °C) pendant 45 minutes.

Clafoutis à la faiselle et aux bigarreaux

Provence-Côte d'Azur

Le goût marqué et légèrement sur du fromage blanc de chèvre convient à merveille à ce clafoutis léger, dont la farine a été remplacée par de la poudre d'amande. À décliner avec toutes sortes de fruits d'été.

Préparation : 15 minutes
Cuisson : 30 minutes

Pour 4 personnes

- ✓ 750 g de bigarreaux
- ✓ 3 œufs
- ✓ 250 g de faisselle de chèvre (ou, à défaut, de fromage très frais)
- ✓ 125 g de poudre d'amande
- ✓ 100 g de sucre
- ✓ 1 cuillère à café d'extrait de vanille
- ✓ 1 noix de beurre

- Préchauffer le four à 200 °C.
- Laver les bigarreaux, les équeuter et, éventuellement, les dénoyauter.
- Dans un saladier, battre les œufs et le sucre jusqu'à ce que le mélange blanchisse. Ajouter la poudre d'amande, la vanille et le fromage frais émietté. Mélanger intimement.
- Beurrer un plat allant au four. Mettre les bigarreaux au fond et recouvrir du mélange au chèvre. Saupoudrer de sucre.
- Mettre au four 10 minutes à 200 °C puis baisser à 170 °C et laisser cuire encore 20 minutes (le clafoutis doit être bien doré).

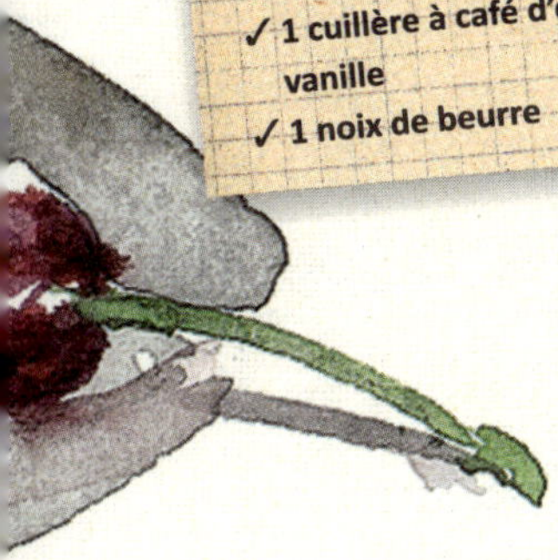

Clafoutis de reinettes
aux épices

Préparation : 15 minutes
Cuisson : 30 minutes

Pour 8 personnes

- ✓ 4 pommes reinettes
- ✓ 150 g de farine
- ✓ 100 g de beurre
- ✓ 100 g de sucre
- ✓ 2 œufs
- ✓ 25 cl de lait
- ✓ 1 pincée de sel
- ✓ Épices : 1 cuillère à café de cannelle, autant de girofle, la moitié de gingembre
- ✓ Sucre glace pour la décoration

- Peler et couper les pommes en quartiers.
- Les disposer dans un plat en porcelaine beurré.
- Dans une terrine, mélanger la farine, le sucre, les œufs entiers, le lait, 1 pincée de sel, les épices et le beurre ramolli.
- Verser cette pâte sur les pommes.
- Mettre à four chaud (240 °C), environ 30 minutes.
- Présenter ce clafoutis tiède ou froid, à même le plat, après l'avoir saupoudré de sucre glace.

Clafoutis aux mirabelles

Alsace-Lorraine

Préparation : 10 minutes
Cuisson : 20 minutes

Pour 6 à 8 personnes

- ✓ 100 g de farine
- ✓ 100 g de sucre
- ✓ 4 œufs
- ✓ 50 cl de lait
- ✓ 1 pincée de sel
- ✓ 50 g de beurre
- ✓ 600 g de mirabelles

- Préchauffer le four à 180 °C. Travailler les œufs et le sucre, puis ajouter la farine avec le sel, le lait et enfin le beurre fondu.
- Beurrer et fariner un moule.
- Placer les mirabelles dans le fond du moule et verser dessus la préparation.
- Faire cuire de 30 à 40 minutes à four pas trop chaud (160-180 °C).

MON CONSEIL

Laver les prunes, les dénoyauter et les couper en deux avant de les disposer au fond du moule. Par ailleurs, les mirabelles peuvent être remplacées par des quetsches.

Porte du Croux à Nevers.

La flamusse

La flamusse – on parle aussi de flamous ou flamousse – se décline aussi au salé. Il s'agit alors de remplacer les fruits par de la citrouille ou du potiron réduit en purée… Compter alors une bonne livre de pulpe de potiron en morceaux.

Préparation : 20 minutes
Cuisson : 45 minutes

Pour 4 personnes

- ✓ 6 pommes reinettes
- ✓ 100 g de beurre fondu
- ✓ 4 œufs
- ✓ 50 cl de lait
- ✓ 50 g de farine
- ✓ 75 g de sucre
- ✓ 1 cuillère à soupe de crème fraîche épaisse
- ✓ 1 pincée de sel
- ✓ Sucre glace pour la décoration

- Laver, peler et épépiner les pommes. Les découper en tranches, puis les faire sauter avec un peu de beurre dans une poêle. Les essuyer et réserver.
- Dans une terrine, casser les œufs et les mélanger avec le sucre, le lait et le sel. Ajouter la farine en saupoudrant.
- Bien mélanger pour obtenir une pâte légère et homogène, puis incorporer la crème. Mélanger.
- Préchauffer le four à environ 150 °C, puis beurrer un plat de type tourtière. Disposer les pommes au fond en les laissant se chevaucher. Verser dessus la pâte.
- Laisser cuire au four pendant 45 minutes.
- Laisser refroidir et démouler la flamusse en la retournant côté pommes.
- Servir après l'avoir saupoudrée de sucre glace.

Le milhar*

Voici une variation sur le thème du classique clafoutis. Différence notable, le milhar demande une pâte beaucoup plus liquide. Le milhar* aux cerises est le plus connu mais il peut aussi être garni, l'automne venu, de grains de raisin blanc ou bien de mûres, comme proposé ici dans cette recette.*

Préparation : 10 minutes
Cuisson : 30 minutes

Pour 6 personnes

- ✓ 750 g de mûres
- ✓ 4 œufs
- ✓ 75 g de farine
- ✓ 25 cl de lait
- ✓ 1 verre d'eau
- ✓ 80 g de sucre semoule + 1 cuillère à soupe
- ✓ 15 g de beurre + 30 g
- ✓ 1 pincée de sel

- Préparer les mûres : les laver sous le robinet dans une passoire, les sécher en les roulant sur du papier absorbant.
- Mélanger au fouet à main dans un saladier les œufs, le sucre, le sel, le beurre fondu et la farine.
- Délayer avec l'eau et le lait.
- Disposer les mûres dans un plat à four généreusement beurré non métallique.
- Verser lentement la pâte entre les fruits qu'il faut bien répartir.
- Cuire à four moyen (180 °C) pendant 30 minutes.
- Dès la sortie du four, saupoudrer légèrement de sucre.
- À savourer tiède mais surtout pas froid.

* *voir lexique en fin d'ouvrage.*

Clafoutis aux fruits rouges au lillet

Le lillet est un apéritif bordelais composé de vin blanc ou rouge. Conçu à Podensac, dans les Graves, il existe depuis 1872. Il est mélangé en partie avec du quinquina, des oranges ainsi que d'autres fruits, et il est vieilli en fûts de chêne.

Préparation : 35 minutes
Cuisson : 40 minutes

Pour 6 personnes

- ✓ 600 g de fruits rouges (fraises, framboises, myrtilles et mûres)
- ✓ 60 cl de lait entier
- ✓ 5 œufs
- ✓ 85 g de sucre roux ou blanc
- ✓ 100 g de farine
- ✓ 15 g de beurre
- ✓ 1/2 cuillère à café de vanille (en gousse ou liquide)
- ✓ 1 cuillère à soupe de sirop de mûre ou de framboise
- ✓ 5 cl de lillet
- ✓ 1 pincée de sel
- ✓ 1 noix de beurre ou un trait d'huile

- Préchauffer le four à 180 °C.
- Laver les fruits rouges et les équeuter.
- Faire bouillir le lait avec le beurre et la vanille.
- Dans un saladier, fouetter les œufs avec 75 g de sucre jusqu'à l'obtention d'un mélange blanc et mousseux.
- Dans un autre saladier, verser la farine et ajouter le mélange œufs-sucre. Fouetter bien pour éviter les grumeaux. Ajouter une pincée de sel.
- Verser le lait bouillant sans cesser de fouetter.
- Aromatiser avec le sirop de framboises ou de mûres et le lillet.
- Huiler ou beurrer un plat allant au four. Saupoudrer avec 10 g de sucre. Répartir les fruits rouges puis verser la pâte. Enfourner pour 40 minutes.
- Déguster tiède ou froid.

Œufs au lait

Préparation : 30 minutes
Cuisson : 40 minutes

Pour 4 personnes

- ✓ 1 l de lait
- ✓ 1 sachet de sucre vanillé
- ✓ 150 g de sucre en poudre + 1 cuillère à soupe pour le glaçage
- ✓ 6 œufs

- Porter le lait à ébullition, puis, hors du feu, ajouter le contenu du sachet de sucre vanillé et les 150 g de sucre en poudre.
- Dans une jatte, battre les œufs en omelette.
- Verser le lait bouillant sur les œufs en prenant soin de bien mélanger avec un fouet. Écumer au fur et à mesure (indispensable).
- Mettre la préparation dans un plat allant au four.
- Enfourner pendant au moins 35 minutes à 200 °C (vérifier la cuisson en plantant la pointe d'un couteau dans la préparation).
- Quand les œufs au lait sont cuits, les saupoudrer d'une cuillère à soupe de sucre et remettre le plat 5 minutes sous le gril du four pour bien gratiner le dessus.
- Servir chaud, tiède ou froid.

Crème renversée au caramel

Préparation : 15 minutes
Cuisson : 30 minutes

Pour 4 personnes

- ✓ 3 gros œufs entiers + 1 jaune
- ✓ 1/2 gousse de vanille
- ✓ 100 g de sucre
- ✓ 50 cl de lait entier
- ✓ 6 morceaux de sucre roux

- Mettre le sucre en morceaux dans une casserole avec 3 cuillères à soupe d'eau pour faire un caramel. Laisser colorer légèrement.
- Tapisser de caramel 4 ramequins allant au four.
- Faire bouillir le lait avec la gousse de vanille fendue en deux.
- Battre les trois œufs et le jaune en omelette avec le sucre sans faire mousser le mélange.
- Verser le lait bouillant.
- Laisser reposer.
- Ôter le bâton de vanille et filtrer au tamis avant de répartir la crème dans les ramequins.
- Faire cuire les crèmes au bain-marie (four à 180 °C) pendant 30 minutes environ.
- La crème est cuite quand on la transperce avec un petit couteau et que la lame ressort sèche.
- Laisser refroidir avant de démouler et de servir.

La crème cuite
aux trois parfums

Très facile à réaliser et très connue dans le Sud-Ouest, cet entremets s'apparente à la crème anglaise tout en surprenant par son goût insolite et raffiné.

Préparation : 30 minutes
Cuisson : 20 minutes

Pour 4 personnes

- ✓ 1 l de lait
- ✓ 150 g de sucre en poudre
- ✓ 3 œufs
- ✓ 3 cuillères à soupe de farine
- ✓ 1 poignée d'amandes amères
- ✓ 1 cuillère à café d'eau de fleur d'oranger
- ✓ 3 gouttes d'essence d'anis
- ✓ Pour le caramel : 5 morceaux de sucre

- Piler les amandes et les faire bouillir dans le lait.
- Mélanger au fouet à main, dans une grande casserole, le sucre en poudre, les œufs et la farine.

- Filtrer le lait, le verser peu à peu sur cette préparation sans cesser de fouetter.
- Cuire à feu doux durant 20 minutes en remuant à la cuillère en bois.
- Laisser tiédir la crème et la parfumer avec l'eau de fleur d'oranger et l'anis.
- Verser dans une grande jatte.
- Pour caraméliser le dessus de cette crème, faire fondre 5 morceaux de sucre dans 2 cuillères à soupe d'eau. Laisser caraméliser en surveillant bien : le caramel doit être blond.
- Le verser alors en filets très fins sur toute la surface de la crème en formant un quadrillage.

Le sabayon

C'est une composition originale et légère à base de vin pétillant de Savoie, de vin blanc de Savoie ou même de champagne, de jaunes d'œufs et de sucre qui peut se servir dans une tasse ou accompagner des fruits frais (fraises, framboises, etc.), un gâteau de Savoie, des tuiles aux amandes…

Préparation : 5 minutes
Cuisson : 10 minutes

Pour 4 personnes

- ✓ 25 cl de pétillant ou vin blanc sec de Savoie
- ✓ 5 jaunes d'œufs
- ✓ 4 feuilles de menthe hachées
- ✓ 1 soupçon de vanille liquide
- ✓ 100 g de sucre

- Battre les jaunes et le sucre jusqu'à ce que le mélange blanchisse.
- Le mettre dans une casserole à fond épais, verser le vin, délayer et ajouter les feuilles de menthe et la vanille.
- Mettre sur le feu ou, mieux encore, au bain-marie, et battre continuellement jusqu'à ce que le mélange épaississe et devienne mousseux, sans bouillir.
- Tenir au chaud au bain-marie jusqu'au moment de servir.

Pour réaliser un gratin de fruits original, disposer dans un plat à gratin un mélange de fraises, framboises, bananes et mûres. Recouvrir de sabayon et passer au four très chaud.

Crème brûlée aux marrons de Collobrière

La traditionnelle crème brûlée est ici enrichie de crème et de brisures de marrons glacés, ce qui en renouvelle le goût tout en lui donnant une texture délicieusement grumeleuse.*

Préparation : 10 minutes
Cuisson : 20 minutes

Pour 4 personnes

- ✓ **4 jaunes d'œufs extra frais**
- ✓ **30 cl de crème fraîche liquide**
- ✓ **3 bonnes cuillères à soupe de crème de marron**
- ✓ **4 marrons glacés de Collobrière**
- ✓ **1 cuillère à café de vanille liquide**

- Préchauffer le four à 170 °C.
- Faire chauffer la crème fraîche liquide jusqu'à ce qu'elle frémisse.
- Dans une terrine, mélanger intimement les jaunes d'œufs et la crème de marron. Ajouter la vanille et les marrons glacés concassés. Verser la crème liquide chaude. Mélanger de nouveau soigneusement.
- Verser la crème dans des ramequins en terre cuite de 10 cm de diamètre environ.
- Poser les ramequins dans un grand plat ou sur la lèchefrite du four. Verser de l'eau dans le fond du plat ou du lèchefrite et cuire les crèmes au bain-marie 20 minutes.
- Une fois cuites, placer les crèmes sous le gril du four ou sous la salamandre* pour les dorer.

** voir lexique en fin d'ouvrage.*

Crème au chocolat

Simple et délicieuse, cette crème au chocolat est plus dense que de la crème classique à cause de la farine. Les amateurs augmenteront la proportion de chocolat en fonction de leur goût…

Préparation : 10 minutes
Cuisson : 15 minutes

Pour 6 personnes

- ✓ 1 l de lait entier
- ✓ 150 g de sucre
- ✓ 100 g de chocolat noir
- ✓ 50 g de farine blanche
- ✓ 20 g de beurre
- ✓ 1 pincée de sel

- Réserver un verre de lait froid (soit 15 cl environ).
- Faire chauffer le reste du lait avec le sel, le sucre et le chocolat cassé en morceaux, jusqu'à ce qu'il frémisse, en remuant le mélange à la cuillère en bois de façon à ce que les éléments solides soient dissous de façon homogène. Réserver.
- Dans une terrine, délayer la farine avec le lait froid en évitant tout grumeau. Ajouter un peu du lait chocolaté, toujours en remuant.
- Verser alors progressivement le délayage dans le mélange chocolaté, puis remettre le tout sur le feu, toujours en remuant soigneusement, pendant une quinzaine de minutes.
- Arrêter la cuisson et ajouter le beurre. Bien mélanger.
- Verser dans de petites coupelles ou des ramequins et laisser refroidir.

Il est possible de remplacer la moitié de la farine par de la Maïzena.

La crème au citron

Originaire des pentes de l'Himalaya, le citron fut découvert en Chine il y a 3 000 ans. Il traversa ensuite le Moyen-Orient et s'implanta dans tout le bassin méditerranéen aux environs du Xe siècle. Il fallut attendre la fin du XIIe siècle pour qu'il apparaisse en Europe. Il y devint alors célèbre en tant que remède contre le scorbut et reste associé à toutes les grandes traversées marines. En France, on le cultive sur la Côte d'Azur, et notamment à Menton dont il est l'emblème depuis 1934, année de création de la Fête du citron.

Préparation : 25 minutes
Cuisson : 10 minutes
Repos : 2 heures (minimum)

Pour 6 personnes

- ✓ **5 citrons jaunes non traités**
- ✓ **200 g de sucre en poudre**
- ✓ **5 œufs**
- ✓ **100 g de beurre**

- Nettoyer soigneusement les citrons puis réduire leur écorce en zestes assez fins (à l'aide d'un zesteur).
- Réserver.
- Mélanger le sucre avec les œufs, le jus des citrons et les zestes dans une casserole. Faire chauffer, à feu doux, 10 minutes, en remuant régulièrement à la cuillère en bois jusqu'à ce que le mélange épaississe.
- Hors du feu, incorporer progressivement le beurre, toujours en remuant.
- Verser dans des coupelles, des ramequins ou un joli saladier.
- Laisser refroidir et mettre au frais au moins 2 heures.

Cette crème sera idéalement accompagnée de tuiles aux amandes ou de galettes saintongeaises*.

** voir lexique en fin d'ouvrage.*

Crème aux violettes

Si l'humble violette des jardins reste discrète, la fragile violette double est devenue célèbre. Les teintes jaunes et violettes de cette fleur emblématique de Toulouse s'accordent parfaitement aussi bien dans la nature que dans ce dessert. Confite dans le sucre, la fleur se laisse croquer.

Préparation : 15 minutes
Cuisson : 5 minutes
Repos : 2 heures (minimum)

Pour 4 personnes

- ✓ 50 cl de lait
- ✓ 4 œufs
- ✓ 1 gousse de vanille
- ✓ 135 g de sucre
- ✓ 12 violettes cristallisées
- ✓ 1 pincée de sel

- Séparer les jaunes et les blancs d'œufs.
- Monter les blancs en neige bien fermes avec 1 pincée de sel et 1 autre de sucre.
- Porter le lait à ébullition dans une grande casserole. Déposer les blancs moulés à la cuillère dans le lait bouillant, 2 par 2, pendant 2 minutes, en les retournant. Les égoutter.
- Fendre la gousse de vanille et la racler en répandant les grains dans le lait.
- Dans un saladier, mélanger les jaunes et le sucre jusqu'à ce que le mélange blanchisse.
- Verser la moitié du lait sur l'appareil en fouettant.
- Reverser ce mélange dans le lait resté au fond de la casserole et cuire la crème, 3 minutes, à feu moyen, en remuant en va-et-vient avec une spatule en bois.
- Quand la crème nappe la spatule, la passer au chinois et la mettre au réfrigérateur au moins 2 heures.
- Servir dans une coupe avec les blancs en neige sur lesquels on aura déposé les violettes cristallisées.

La mousse au praliné

Toutes régions

Préparation : 15 minutes
Repos : 4 heures

Pour 4 personnes

- ✓ 200 g de praliné
- ✓ 10 cl de lait
- ✓ 4 œufs
- ✓ 1 cuillère à soupe de cointreau ou de Grand-Marnier

- Couper le praliné en petits morceaux et le faire fondre à feu doux dans une casserole avec le lait tout en remuant.
- Dès que le mélange est lisse, ajouter alors les jaunes d'œufs un à un et bien mélanger. Verser ensuite le cointreau ou le Grand-Marnier.
- Battre les blancs en neige très ferme.
- Verser dessus la préparation.
- Mélanger avec précaution à la cuillère et transvaser dans une coupe de service.
- Placer au moins 4 heures au réfrigérateur avant de servir.

Le secret des blancs en neige réussis

Les blancs

Il ne faut pas qu'ils contiennent la moindre parcelle de jaune. En revanche, leur fraîcheur importe peu : des blancs conservés depuis plusieurs jours (quatre maximum) au frais, dans un bol recouvert de film plastique, monteront même plus facilement que des blancs fraîchement cassés. De même, il vaut mieux, pour les préparations cuites, utiliser des œufs pondus depuis plusieurs jours, car ils absorbent plus d'air et donnent des blancs en neige plus légers.

Le récipient

Autrefois on montait les blancs dans un bassin en cuivre rouge non étamé : ce métal permettait d'obtenir un tiers de volume supplémentaire. À défaut de bassin en cuivre, on optera pour un bol ou un récipient parfaitement net et dégraissé (nettoyer au besoin le récipient avec du gros sel et du vinaigre).

La méthode de travail

Mettre les blancs dans un récipient avec une pincée de sel et commencer à fouetter quelques instants à la fourchette. Dès que les blancs moussent un peu, le batteur peut prendre le relais, si possible à vitesse lente dans un premier temps. À partir du moment où les blancs présentent l'aspect d'une masse d'un blanc grisâtre, la vitesse doit être accélérée et maintenue jusqu'à ce que la masse grisâtre se transforme en une mousse légère, lisse et ferme, d'une blancheur éclatante : les blancs en neige sont prêts à l'emploi.

La mousse au chocolat noir

Toutes régions

Nombreux sont celles et ceux qui n'osent pas se lancer dans cette entreprise. Mais cette recette de mousse au chocolat est impossible à rater, et le résultat est tout simplement délicieux.

Préparation : 30 minutes
Repos : minimum 2 heures au froid

Pour 6 personnes

- ✓ 4 œufs
- ✓ 1 pincée de sel
- ✓ 3 cuillères à soupe de sucre en poudre
- ✓ 200 g de chocolat noir
- ✓ 50 g de beurre

- Séparer les blancs des jaunes d'œufs.
- Monter les blancs en neige au batteur, avec une pincée de sel, jusqu'à ce qu'ils soient bien fermes.
- Réserver au frais.
- Toujours au batteur, mélanger pendant 30 secondes le sucre et les jaunes d'œufs, jusqu'à obtention d'un mélange onctueux.
- Réserver.
- Dans un récipient en inox ou pyrex, casser le chocolat en petits morceaux, ajouter 2 à 3 cuillères à soupe d'eau, puis le faire fondre au bain-marie.
- Lorsque les morceaux sont sur le point de disparaître, éteindre la source de chaleur et ajouter le beurre en petits morceaux. Remuer soigneusement jusqu'à obtention d'un mélange lisse et onctueux.
- Ajouter les jaunes d'œufs sucrés au chocolat.
- Verser cette préparation sur les blancs et mélanger délicatement, jusqu'à l'obtention d'une crème mousseuse et homogène.
- Laisser la mousse durcir au froid 2 à 3 heures avant de servir.

Les œufs à la neige

Toutes régions

Dans cette recette savoureuse, les blancs d'œufs sont pochés dans du lait sucré et vanillé, utilisé ensuite pour confectionner la crème anglaise accompagnant les blancs. Chacun y gagne évidemment en saveurs…

Préparation : 50 minutes
Repos : 30 minutes

Pour 6 personnes

- ✓ **4 œufs**
- ✓ **2 pincées de sel**
- ✓ **100 g de sucre blanc + 125 g (pour le caramel) + 1 cuillère à soupe (pour les blancs en neige)**
- ✓ **1 l de lait**
- ✓ **2 cuillerées à café d'extrait liquide de vanille ou 1 gousse fendue**
- ✓ **1 noisette de beurre**

- Monter les blancs en neige avec une pincée de sel (garder les jaunes).
- Lorsqu'ils commencent à durcir, ajouter la cuillère à soupe de sucre et finir de fouetter. Réserver au frais.
- Faire chauffer 75 cl de lait, avec une pincée de sel, les 100 g de sucre et la vanille.
- Dès qu'il commence à frémir (il ne doit pas bouillir !), prélever à la cuillère des morceaux de blancs en neige et les faire pocher 2 minutes dans le liquide. Les retourner délicatement et faire de même pour l'autre côté. Avec une écumoire, les déposer sur une assiette et réserver au frais.
- Ajouter le lait restant à celui qui a servi à la cuisson des œufs à la neige et amener à frémissement.
- Dans un saladier, mettre les jaunes d'œufs et verser progressivement le lait tout en remuant à la cuillère en bois.
- Verser le mélange dans une casserole, et le faire épaissir à feu doux (sans bouillir !), toujours en remuant à la cuillère en bois, pendant 10 minutes.

- Hors du feu, ajouter une noisette de beurre et verser la crème anglaise ainsi obtenue dans un saladier. Laisser refroidir.
- Avant de servir, répartir les blancs sur la crème et préparer un caramel : mettre le sucre blanc dans une casserole, ajouter 3 cuillères à soupe d'eau et faire chauffer, à feu doux, jusqu'à ce que le sucre prenne une couleur ambrée (attention : le changement est rapide !) En napper les blancs en neige et servir.

On peut parsemer la présentation d'amandes effilées ou de pralines roses écrasées.

Œufs à la neige
à l'orange et au chocolat

Paris – Ile-de-France

Préparation : 15 minutes
Prise : 1 min 30

Pour 4 personnes

- ✓ 4 blancs d'œuf
- ✓ 100 g de sucre
- ✓ 1 vingtaine de pastilles de chocolat
- ✓ 125 g de chocolat noir
- ✓ 1 écorce d'orange confite coupée en petits morceaux
- ✓ 2 cuillères à soupe de marmelade d'orange

- Battre les œufs en neige très ferme.
- Dès qu'ils commencent à monter, verser une partie du sucre. Ajouter le reste progressivement.
- Mouler les œufs avec une grande cuillère et enfoncer dedans quelques pastilles de chocolat et des morceaux d'orange confite.
- Poser les œufs à la neige sur une feuille de papier sulfurisé et les cuire à la vapeur pendant 1 min 30.
- Faire fondre le chocolat avec suffisamment d'eau pour obtenir une sauce assez liquide. Diluer la marmelade.
- Pour servir, répartir la marmelade dans les assiettes.
- Déposer les œufs à la neige au milieu et verser un cordon de sauce chocolat autour. « Tirer » le chocolat avec deux fourchettes en faisant tourner l'assiette pour dessiner une spirale.

Suggestion d'accompagnement : à déguster avec des financiers.

Ile flottante aux pralines

Préparation : 20 minutes
Cuisson : 35 minutes
Repos : 3 ou 4 heures

Pour 4 à 6 personnes

- ✓ 6 gros œufs
- ✓ 75 cl de l de lait
- ✓ 200 g de sucre fin
- ✓ 6 sachets de sucre vanillé (ou 1 gousse de vanille)
- ✓ Caramel liquide
- ✓ 15 pralines roses concassées
- ✓ 1 pincée de sel

- Préchauffer le four à 150 °C.
- Prévoir un grand plat rempli d'eau chaude pour le bain-marie.
- Séparer les jaunes des blancs d'œufs.
- Monter les blancs en neige très ferme avec une pincée de sel.
- Incorporer délicatement et progressivement 100 g de sucre et une dizaine de pralines concassées.
- Napper un moule rond (du type moule à charlotte) de caramel liquide. Y verser le mélange.
- Placer dans le bain-marie et enfourner pendant 15 minutes.
- Laisser ensuite 20 minutes dans le four éteint.
- Pendant ce temps, préparer une crème anglaise : fouetter les jaunes d'œufs avec le sucre restant jusqu'à ce que le mélange blanchisse.
- Ajouter petit à petit le lait tiède sans cesser de fouetter.
- Mettre la gousse de vanille et faire chauffer en continuant à battre régulièrement au fouet à main. Cette crème doit épaissir jusqu'à napper une cuillère (surtout ne pas laisser bouillir).
- Verser dans un grand plat creux et réserver 3 ou 4 heures au frais.
- Au moment de servir, faire glisser doucement l'île de blancs d'œufs sur la crème, au milieu du plat.
- Décorer le dessus des pralines restantes.

Lexique

Blanc-manger :
entremets moulé et sucré à base de fromage blanc et de poudre d'amandes.

Brisure :
petit morceau.

Corolles :
ensemble des pétales d'une fleur.

Far :
sorte de flan breton, souvent agrémenté de pruneaux.

Galettes saintongeaises :
galettes à base de farine, de beurre, de sucre et d'œuf, aromatisées de cognac et cuites au four.

Milhar :
spécialité limousine proche du clafoutis.

Phylloxera :
maladie due à un insecte qui ravagea le vignoble français à la fin du XIXe siècle.

Salamandre :
chalumeau utilisé en cuisine.

Sirupeux :
qui a la consistance d'un sirop.

Teurgoule :
spécialité normande de riz au lait parfumé à la cannelle.

Équivalences

1 kg (kilogramme) =
- 1 000 g (grammes)

1 l (litre) =
- 1 000 ml (millilitres)
- 10 dl (décilitres)
- 100 cl (centilitres)

1 cuillère à café =
- 5 g de sel, de sucre ou de beurre
- 4 g de farine, d'huile ou de semoule
- 3 g de poivre moulu, de cacao, de fécule ou de maïzena

1 cuillère à soupe =
- 3 cuillères à café
- 15 ml (ou 1,5 cl)
- 12 g de farine, de fécule ou de maïzena
- 15 g de sel, de sucre semoule, de beurre ou de crème fraîche
- 18 g de riz
- 20 g de sucre cristallisé ou de gros sel

Thermostats

four très doux	1	30 °C
	2	60 °C
four doux	3	90 °C
	4	120 °C
	5	150 °C
four moyen	6	180 °C
four chaud	7	210 °C
	8	240 °C
four très chaud	9	270 °C
	10	300 °C

Index régional

Table des matières

Direction du projet : David Kings (Glénat), Nicolas Waintraub (Lagardère Active)
Direction éditoriale de la collection originale : Isabelle Fortis (Glénat)
Responsables du projet : Sabine Mathieu, Laurianne Bouchut (Lagardère Active)
Responsables éditoriales du projet : Estelle Matha, Marie-Agnès Le Roux (Glénat)
Adaptation et rédaction : Marianne Boilève
Conception graphique : Éditions Glénat et Glénat Production
Mise en page, prépresse et fabrication : Glénat Production

L'éditeur tient à remercier très chaleureusement Monsieur Paul Bocuse pour ses précieux conseils.

Remerciements :
Télé 7 Jours : Bruno Lesouëf, directeur de la publication ; Claire Leost, éditeur ; Thierry Moreau, directeur de la rédaction ; Claude Bosle, rédacteur en chef ; Promotion : Ludivine Marchand, Muriel Durif, Claire Fimes ; Abonnements : Armelle Colin, Karine William, Élodie Lemperière ; Ventes : Philippe Demay ; Marketing : Marie-Noëlle Leboeuf ; Contrôle de gestion : Laurent Guichard ; Service juridique : Sandrine Moreira ; Fabrication : Stéphane Potreau, Christiane Bragagia ; recherche titrage : Jean-Baptiste Drouet

Illustrations de couverture : Jean-Marc Boudou

Édité par HFA – 92534 Levallois-Perret Cedex

Réalisée spécialement pour Télé 7 Jours, cette édition est adaptée en accord avec les Éditions Glénat à partir de la collection « Carnets d'ici » publiée par les Éditions Glénat. La marque Glénat est reproduite avec l'autorisation des Éditions Glénat.

Imprimé en France par Pollina - L58999
Z.I. de Chasnais – 85407 Luçon
Le papier utilisé pour la réalisation de ce livre provient de forêts gérées de manière durable.
Achevé d'imprimer : décembre 2011
Dépôt légal : janvier 2012
ISBN : 978-2-35710-171-5
EAN : 9782357101715

Tourtes, quiches et feuilletés croustillants * L
succulents hachis * Spécialités de pâtes, risotto
tartes et Tatin * Les meilleures recettes du bouch
* Potages à l'ancienne * Cailles, canards et volaill
recettes aux pommes de terre * Desserts gourman
* Repas de fêtes traditionnels * Crustacés, coquillage
* Nos savoureux mijotés * Entremets et
bouche * Les meilleures recettes de gibier * Légum
Baies, fruits sauvages et plantes aromatiques
autres champignons * Salades gourmandes * L
du maraîcher * Soupes et veloutés * Délic